Jen McInnes

LA FERME PETIT POIS

LA NOUVELLE VIE DE JEN

Lucy Knisley

Traduit de l'anglais (américain)
par Emmanuelle Casse-Castric

GALLIMARD
BANDE DESSINÉE

Pour
Taylor
&
Chelsea

Titre original : *Stepping Stones*
Édition originale publiée en langue anglaise
par Random House Children's Books,
une filiale de Penguin Random House LLC

N° d'édition : 370250
Dépôt légal : janvier 2021
Loi n° 49-956 du 16 juillet 1949 sur
les publications destinées à la jeunesse
ISBN : 978-2-07-514853-5
Imprimé en France par Pollina
Première édition
gallimard.fr/bd

PEFC 10-31-2065

Chapitre
un

Mmm…

Gratt
gratt
gratt

Les choses de la ville
qui me manquent:
1. Les restaus chinois!!!
2. Mon appartement d'avant
3. Les magasins de BD
4. Mon père
Ce que je DÉTESTE
à la ferme: ☹
1. Les CORVÉES!
2. La méchante oie
3. Le nouveau petit
ami de maman
4. Les coups de soleil!
5.

Jen!
ouais?
Viens nous aider pour le poulailler!
Pfff...
SCHOUF
Oh, allez.
arf

Hé, tu m'aides à porter ça?
OK.
ABREUVOIR
C'est l'abreuvoir des poules.
TAP TAP
On remplit d'eau par ici et les poules boivent par là. Chouette, hein?
J'imagine.
Maman...
On ne va pas... manger les poules, si?
Au début, non. Dans quelques mois, elles commenceront à pondre, et ensuite, on verra.
ABREUVOIR
Moi, j'en mangerai pas.
ABREU

Mais tu manges bien du poulet !
Oui, des poulets que je ne connais pas !
ABREUVOIR
Et tu crois qu'ils viennent d'où ? D'un endroit comme ici.
J'en mangerai pas quand même.
Hé, vous deux !
Apportez ça ici !
ABREUVOIR
Waouh, chéri, ça prend forme !
Merci ! Vous pouvez poser l'abreuvoir ici.
ABREUVOIR
Hé, Jenny, tu devrais nous aider à décider où le placer. C'est toi qui vas apporter l'eau aux poules tous les matins.
Ah bon ?
Et aussi leur donner à manger, nettoyer le poulailler et ramasser les œufs.
HU-HU

Tout ça?
Tous lesjours?
Toute SEULE?
Le week-end, mes filles seront là pour t'aider. Ça va être génial ! Un endroit magnifique et de la besogne à abattre !
Je ne voulais même pas de poules !
On n'a pas déjà assez de choses à faire pour la ferme?
Allez, ça va être marrant. Tu vas adorer.
Je suis sûr qu'en un rien de temps tu seras une bonne petite paysanne !
Jen, tu veux bien remonter ce seau à la grange et le remplir d'eau pour l'abreuvoir?
OK.

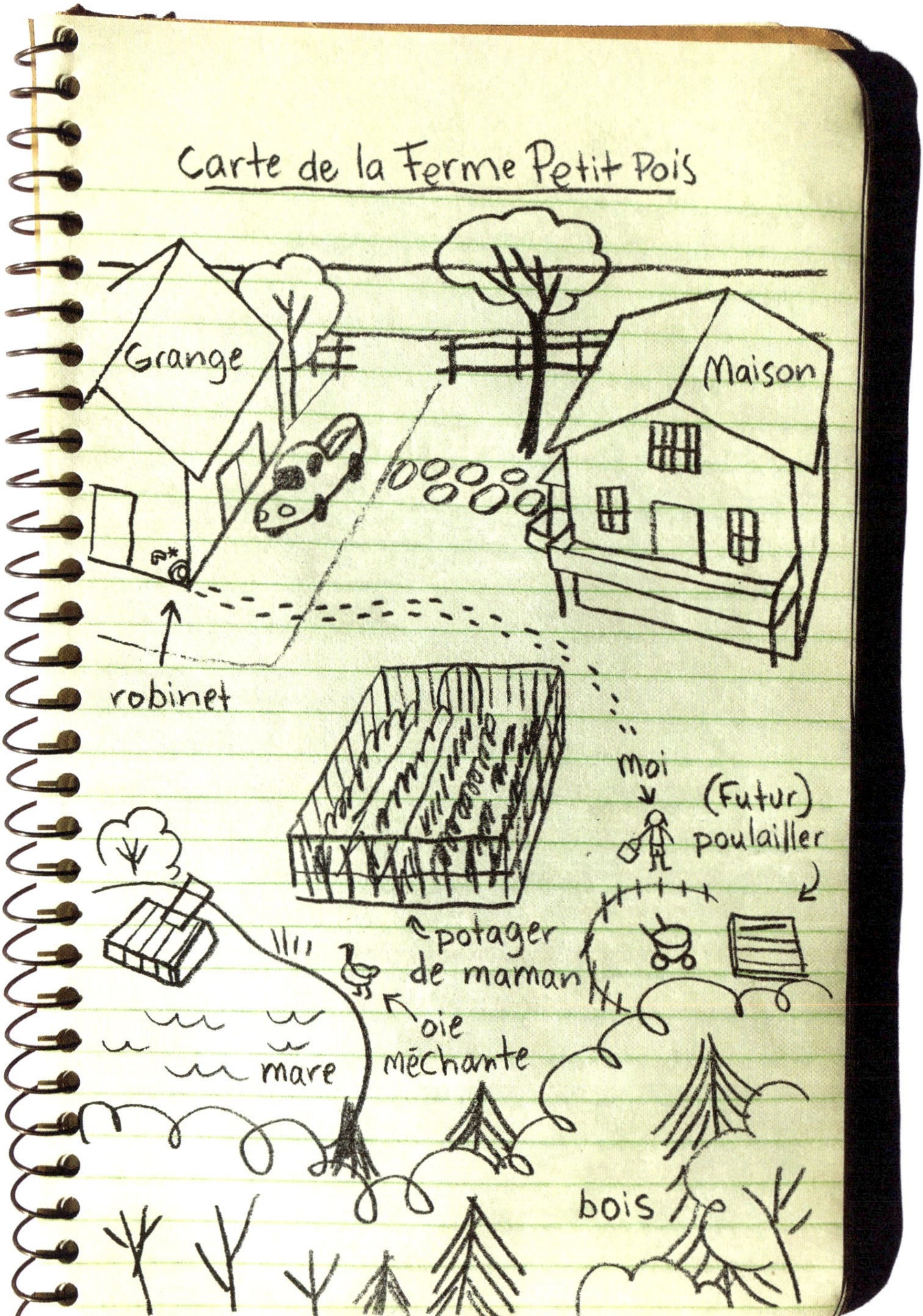
Carte de la Ferme Petit Pois
Grange
Maison
robinet
moi
(Futur)
poulailler
potager
de maman
oie
méchante
mare
bois

Frrrrt Frrrrt
Frrrrt
Scriiich
Frrrrt
FRRRT FRRRT
Frrrrt

POP
AHHH
Miaou !
Des chatons dans la grange !
ZOUM
ZOUM

Hé, qu'est-ce que tu fais là-haut ?
Miaou !
Ah, cette échelle doit conduire au grenier à foin.
Cool !
Une cachette secrète !

Hum...
ZOUM
TAC
TAC
TAC
ARNIE
TAC
TAC
COOKIES
TAC
THON
TAC

COOKIES
ARNIE

Jen?
Oups !
J'arrive !

Gardienne de poules
L'eau va ici
Couvercle
Les poules boivent ici

Chapitre deux

ARNIE
FAIS
QUELQUE
CHOSE ?
J'AI RENDEZ-VOUS
AVEC ARNIE.
OH !
ALLEZ, ON
SE DÉPÊCHE !
J'ARRIVE !
JE VAIS
M'ACHETER UNE
NOUVELLE TENUE.
LA LIBRAIRIE
FAIT DES SOLDES,
AUSSI...
JE ME DEMANDE OÙ
JE VAIS L'EMMENER.
J'AI HÂTE
D'ALLER À MON
RENDEZ-VOUS AVEC
BONNY CE SOIR !

BONNY, POURQUOI TU NE PEUX PAS JUSTE PORTER UNE TENUE QUE TU AS DÉJÀ ?
TU PLAISANTES ? C'EST UN RENDEZ-VOUS IMPORTANT ! IL FAUT QUE JE SOIS JOLIE ET SÉDUISANTE !
PAS COMME CERTAINES...
JE SUPPOSE QUE C'EST UN STYLE, MAIS TOUT LE MONDE N'EST PAS FAN DE CE LOOK "FILLE DE FERME" !
?
OH, BONNY, NE SOIS PAS MÉCHANTE, CE N'EST PAS SA FAUTE SI ELLE TRAÎNE DANS UNE GRANGE !
EH !
JENNY, ARRÊTE DE PERDRE TON TEMPS ET REPRENDS LE TRAVAIL, CES POULES NE VONT PAS SE DÉBROUILLER TOUTES SEULES !

IL FAUT DONNER À BOIRE AUX POULES, ÉTALER LE FOIN ET NETTOYER LE POULAILLER, CHARGER LE PICK-UP POUR LE MARCHÉ, ARROSER LES CULTURES ET PUIS ENCORE UN MILLION DE CHOSES! MAIS TU VAS AVOIR DE L'AIDE, AU MOINS...
QUOI?
QUI VA M'AIDER?
NOUS! TES TERRIBLES DEMI-SŒURS! ON EST LÀ POUR PRENDRE LA RELÈVE ET TE FAIRE TRIMER! DÉJÀ, VA NOUS CHERCHER UN GOÛTER!
AAAAA
PFFIOU

RRRAH !
Aaaargh !
Maman ?
Maman, qu'est-ce qui se passe ?
Ces foutus chevreuils sont encore entrés dans le potager : ils ont mangé toutes mes laitues !
Quoi ?
Mais comment ?
Clôture de 2 m de haut
Ce sont des monstres ! La semaine dernière, c'étaient mes carottes ! Pourquoi personne ne m'a prévenue qu'il y avait des chevreuils ici ?

DÉMÉNAGEURS RAY
Faites gaffe ! Ces chevreuils dévorent tout !
Haha, d'accord !
Euh...
Bon, ben, je vais...
Tu as étalé la paille dans le poulailler ?
Euh.
Jen, les poules vont arriver d'un jour à l'autre ! Le poulailler doit être prêt. Et je suis débordée.
Oh là là, bon, d'accord !
Merci !

Ces œufs ont
intérêt à être
sacrément bons.

DRRING
Bonjour, euh, ici la ferme Petit Pois.
Bonjour, c'est la Poste, vous pouvez venir retirer votre paquet.
On doit aller à la Poste ?
D'habitude le courrier est livré, non ?
Oui, mais là, c'est un colis spécial.
Écoutez :
PIIIP PIIIP PIIIP PIIIP PIIIP PIIIP PIIIP
PIIIP PIIIP PIIIP PIIIP PIIIP PIIIP PIIIP

'MAN, LES POULES SONT ARRIVÉES !
Quoi ?
Elles sont là ?
Elles sont au téléphone, écoute !
PIIIP PIIIP PIIIP
Haha, merci !
On arrive tout de suite !
Elles sont livrées par la Poste ?
On dirait bien ! Je les ai commandées sur catalogue.
Hé, maman, tu crois qu'ils envoient les oiseaux qui ne volent pas par "Poste aérienne" ?
HA HA HA

J'adore les jours où on reçoit une livraison de poussins !
On n'arrive à rien avec ces petits gars dans les pattes !
J'imagine !
PIIIP PIIIP PIIIP PIIIP
Je ne pensais pas qu'ils arriveraient par la Poste !
La vie à la campagne, c'est nouveau, hein?
Ils sont trop mignons !

Oui, nous avons emménagé il y a un mois environ. Nous reprenons la petite ferme sur la route Lamorie.
Ah, ce vieux machin ! Bon courage. Vous étiez en ville avant ?
FRRT
Oui, mais on bosse dur. Nous faisons le marché fermier ce week-end.
C'est un bon marché. Et on dirait bien que vous allez avoir de la main-d'œuvre !
Viens ici, petit poussin !
COURRIER NATIONAL
PIIIP
PIIIP!
Coucou !

POUP
FRRT
Allez, ma grande, tu montes derrière pour t'assurer qu'ils vont bien.
J'ai le droit de faire le trajet à l'arrière ?
Oui, mais fais bien attention.

Et voilà, mes petits poussins !
Vous aimez votre nouvelle maison ?
Oh !
BING PIF
PLOP
SPLASH
GRATT

Non, fais pas caca dans ta nourriture !
Comment vont les nouveaux habitants de la ferme ?
Tu as du pain sur la planche, dis donc.
Ils viennent juste de mettre le bazar !
C'est comme ça, les poules.
Dépêche-toi de tout remettre en ordre, ensuite, tu pourras nous aider à charger le pick-up pour le marché.
PFFF
PIIIP
Oui m'sieur, le dur labeur, c'est comme ça à la ferme, c'est moi qui l'dis.
BLABLABLA
LES POULES
GRAIN POUR

Pfiou !
BLING
SPLASH
PIIIP
PIIIP PIIIP
Jenny ! Viens aider ta mère à mettre les fruits dans le pick-up !
J'arrive !
Tu as hâte d'être sur le marché ?
Ce sera ton premier petit boulot !
Et quand j'ai aidé papa au bureau ?
Ça ne compte pas, tu étais à l'intérieur toute la journée !
Walt, est-ce qu'il nous faut deux ardoises pour le stand ?

Le bureau de papa
mini-frigo
moi
Papa
cigares qui puent
Alors, ça t'a plu ?
J'aime bien l'ordi, mais les cigares ça pue !
Ouais, les commerciaux sont dégueu parfois.
Ha Ha
Je ne crois pas que j'aimerais un travail comme ça.

Je ne sais pas si je veux vraiment ce boulot non plus.

FERME PETIT POIS
PETITS FRUITS
MUESLI
RHUBARB

FERME PETIT POIS
PETITS FRUITS 7$
MUESLI 8$
RHUBARBE 5$
FLEURS 6$
ASPERGES 5$
Bon, Jen, je vais aller parler au propriétaire des Fermes Hillcroft à côté.
Tu gères la caisse jusqu'à mon retour, OK ?
Quoi ? Toute seule ?

FERME PETIT POIS
PETITS FRUITS 7$
MUESLI 8$
RHUBARBE 5$
FLEURS 6$
ASPERGES 5$
Bonjour ! Je vais prendre trois barquettes de physalis. Tu as la monnaie sur cinquante?
Euh...
Euh, oui, alors, euh, voilà...
?

Euh...
Les physalis sont à 7 dollars, mais elle en prend 3 barquettes, donc 3 x 7, et paie avec 50 dollars
Ça va, ma puce ?

EXCUSEZ-MOI, JE REVIENS TOUT DE SUITE !

oh…
VOOUM
FERME PETIT POIS
PETITS FRUITS 7$
MUESLI 8$
RHUBARBE 5$
FLEURS 6$
ASPERGES 5$

AMAM MAMAN
M NAMAM NAM
MAMAN MA
C'est ta fille ?
Bonjour !
Jen, qui surveille le stand?
Euhhhh...

Je dois y aller, Tom.
Euh, on a une cliente, et je... euh...
Désolée !
Pas de souci !
Je croyais qu'on en avait parlé.
Ton père a dit qu'il t'avait fait travailler tes tables de multiplication.
Je sais... Je connais presque ma table de six, mais...
Tu dois être capable de rendre la monnaie pour travailler au marché.
Souviens-toi, je t'ai expliqué comment déduire le prix du total.

Je ne peux pas être présente tout le temps, Jen, et Walter doit travailler à la ferme.
Je sais, je sais...
Je sais.
Accroche-toi, d'accord? Je sais que tu peux y arriver.
FERME PETIT POIS
PETITS FRUITS 7$
MUESLI 8$
RHUBARBE 5$
FLEURS 6$
ASPERGES 5$

DING DONG
DING DONG
Oh, il est temps de rentrer.
FERME

Comment c'était, le marché ?
Bien.
Tu en as de la chance ! Petite sortie au village, plein de monde partout !
Je parie que ça t'a rappelé la ville, hein ?
Hé, il faut s'occuper du poulailler.
Tu ferais bien d'aller voir tes petits copains et de ranger leur chambre.
PFFF

Je l'aurais bien fait, mais c'est toi, la responsable.
Salue les poussins de ma part !
ZOUU

DRING
DRING
DRING
DRING
Bonjour, vous êtes bien sur le répondeur de Sam MacInnes. Je suis en déplacement à Toronto. Pour me joindre, merci de contacter ma ligne professionnelle. BIIIIP
Ah ouais.
CLIC

ZWOÏNG
bonjour, c'est Sam
Et Jessica
Et Jen!
Laissez-nous un message après le bip!
Jen?

Ma chérie, ta chambre est prête à accueillir les filles de Walter le week-end prochain ?
Soirée pyjama ! Vous allez bien vous amuser.
Tu vas pouvoir leur montrer comment ça se passe au marché. Ce sera chouette, hein ?
Ouais.
Je ferais mieux d'aller voir si la chambre est prête.
D'accord !
FUIIIIR

PLAF
BLA
BLA
BL

Ma puce ! Tu as pensé à refermer le poulailler avant le dîner ?

On sait jamais, peut-être que les filles de Walter adorent nettoyer les fientes de poule.

Chapitre Trois

Le week-end suivant.
VLAM
Voilà, les filles, c'est ici !
La ferme Petit Pois !
Qu'est-ce que vous en dites ?
Bienvenue, Andy et Reese !

C'est sympa, papa.
Mais " Petit Pois ", c'est un peu bête comme nom. Je veux dire, vous ne produisez pas que des petits pois, si ?
C'est un super nom ! Allez, venez rencontrer Jenny.
Oui, où est-elle passée ?
JEN !
Ah, la voilà ! Jenny, viens dire bonjour à mes filles.

Jen, voici
Andrea et Reese.
Andrea, Reese,
voici Jen.
Je préfère
qu'on m'appelle
Andy.
Ok.
Salut.
SCRITCH
Euh, tu veux voir
des bébés poules ?
Carrément.
Amusez-vous
bien, les filles !
Et n'oubliez
pas de leur
donner de l'eau
fraîche.

Je préfère Jen, aussi.
Quoi ?
Walter m'a appelée "Jenny".
Je lui ai déjà dit que je n'aimais pas ça.
Oh, mon père voulait juste être gentil.
Ah.
D'accord.

Voilà les poussins. Ils ont environ quatre semaines.
Il y a combien de filles et combien de garçons ?
Euh.
Je sais pas trop.
Je crois que celui-ci est un garçon !
Je vais l'appeler Claude.
Et celui-là, c'est Pierre, là, c'est Maurice et celui-ci, Jean-Luc.
Ben, espérons qu'il y a aussi quelques filles, pour qu'elles commencent à pondre dans genre, six semaines.
Pas Claude.
Hein, Claude ?
D'accord, celle-là c'est Poucelina. Tu saisis ?
Non, ça ne va pas avec le thème français.

Non, toi, tu es...
Jacques !
HOP
N'est-ce pas, Jacques ?
Euh...
C'est comme ça qu'on leur donne de l'eau.
Oups !
SPLASH
Attention !
Tu mouilles toute leur maison !
Ça s'appelle un poulailler, et ils s'en fichent, en fait.

Bien sûr que non ! N'est-ce pas, Jacques ?
Oh, désolée, c'était un accident.
L'arrosoir est très lourd.
Attends, laisse-moi essayer.

Ici, c'est la réserve de grain.
Pourquoi c'est dans une poubelle ?
Maman dit que c'est pour dissuader les ratons laveurs.
Dégueu.
Moi, je mettrais le grain DANS le poulailler, comme ça les ratons laveurs ne pourraient pas du tout y accéder.
C'est une très bonne idée.
Je n'ai que des bonnes notes. Et toi ?
Les filles ! Il est temps d'aller au marché !
On doit y aller.

Allez, grimpez.
À l'arrière? Ce n'est pas dangereux?
Eh bien, j'imagine que...
Mais j'aime bien être à l'arrière, c'est marrant !
Tu peux rester là si tu veux, mais moi, je monte devant avec une ceinture. Espérons qu'on n'ait pas d'ACCIDENT.
Andy a raison, on devrait tous monter devant. Allons-y.
Mais on va être super serrés à l'avant !
Allez, ne traînez pas, jeunes filles, sinon on va être en retard au marché !

Qui veut chanter des chansons de pirates ?

Bonne chance, les filles !
Bon, Jen, tu expliques à Andy comment ça se passe ?
Je dois parler de notre redevance au gérant du marché. Je reviens vite.
FERME PETIT POIS
PETITS FRUITS 7$
FLEURS 4$

Alors, euh, les fleurs sont à quatre dollars le bouquet, les fruits à sept la barquette.
Il faut verser délicatement les baies dans le sac, sinon elles s'écrasent.
Pourquoi tu ne donnes pas la barquette, tout simplement ? Ça ne les abîmerait pas.
On pourrait, mais on n'aurait vite plus de barquettes.
Maman a dit de ne pas le faire sauf si un client le demande.
Hum
Très bien, mais moi, je ne ferais pas comme ça.
Le muesli de maman est à huit dollars.
Huit ? C'est beaucoup pour un sachet de céréales.
Elle le prépare elle-même.
On devrait faire une promo ! Achetez une barquette de fruits, on vous fait une remise de vingt-cinq pour cent sur le muesli.
Euh...

Je le mets sur l'ardoise.
FERME PETIT POIS
MUESLI 8$
Bonjour ! Il y a une promo sur le muesli ? Je n'arrive pas à bien lire.
Oui ! Si vous achetez une barquette de fruits, on vous fait moins vingt-cinq pour cent sur le muesli.
C'est une super offre ! Alors je prends les deux.
Excellent !
Vous pouvez régler mon associée.
Voilà.
Merci pour vos achats !

J'ai imaginé une promo !
Oh, une vente !
FERME PETIT POIS
Pour une barquette de fruits achetée, remise de vingt-cinq pour cent sur le muesli.
Ah, très bien ! Qu'est-ce qui est écrit ?
FERME PETIT POIS
J'ai eu des cours d'économie pendant un semestre. Je suis très douée en affaires.
C'est super, Andy !
Euh, et ma monnaie ?
Euh.
Qu'est-ce qui te prend si longtemps ? Notre client attend.

Vingt-cinq pour cent de huit, ça fait combien ?
Quoi? Mais c'est une fraction toute simple.
Laisse-moi faire.
Voici. Régalez-vous.
Andy, tu aimerais peut-être tenir la caisse, comme tu es douée avec les chiffres.
Jen, pourquoi tu ne refais pas l'ardoise?
Bien sûr !
Je vais tout organiser. Quand je serai grande, je serai ingénieur.
Venez au stand de la ferme Petit Pois ! Promo sur le muesli !
Ferme Petit Pois
Ferme Petit Pois
PETITS FRUITS - 7$
MUESLI — 8$
RHUBARBE - 4$
FLEURS — 4$
PROMO: POUR UNE BARQUETTE DE FRUITS, -25% SUR LE MUESLI MAISON

PLOF
PROMO
DING DONG DONG
Déjà quinze heures ! Il est temps de remballer.

Super boulot, les filles !
Merci, maman.
Vous l'avez bien mérité.
Allez donc faire un tour sur le marché.
Tu vas faire quoi avec ton billet ?
Chais pas. Il y a pas de cinéma ni de librairie de BD ici...
Moi, je vais le GARDER pour aller à l'UNIVERSITÉ.
C'est bien pensé.
Oui, je vais intégrer une bonne université et plus tard j'aurai un super poste.

Mais vas-y, si tu veux dépenser le tien.
TAC

Bonjour ! Qu'est-ce que tu penses de mes abeilles ?
Elles sont trop cool !
IEL
OCAL
Tu travailles sur un stand, toi aussi, non ?
Ouaip, là-bas.
Vous avez fait une promo aujourd'hui, hein ?
Ouais.

Eh bien, moi aussi j'ai une promo : un bâtonnet de miel gratuit pour une collègue !
Merci !
Bon, on a tout remballé. En voiture, les filles !

Oh, vas-y, chérie. Le trajet n'est pas long, tu peux monter à l'arrière cette fois-ci.
Merci, maman !

Marché
village
vers la ville →
vers la ferme
ferme
Petit Pois

Chapitre
quatre

Le week-end suivant.

Salut, tu fais quoi ?
BOÏNG
Il y avait une grosse grenouille-taureau ! Je crois qu'il y en a plein, je les entends coasser la nuit !
Mon père dit que ce sont des crapauds. Tu es sûre que ce n'était pas un crapaud ?

Les grenouilles sont des reptiles, non ?
Oui. Elle a sauté dans l'eau. J'ai un livre sur les grenouilles et les reptiles. C'était une grenouille, sûre à cent pour cent.
Nan, des reptiles. Je le sais, j'ai toujours vingt en sciences de la vie. Et toi ?
Des amphibiens.
Dix de moyenne.
Mais j'aime bien les animaux.
Sauf les serpents.
Pourquoi pas les serpents ?
Moi, je les trouve cool.
SSSSSS
J'les aime pas, c'est tout, d'accord ?

BLOUP
La voilà !
Quoi ? La grenouille ?
Je me demande si je peux l'attraper !
Oh, on pourrait lui faire une petite maison.
Je crois que je peux la prendre par surprise.
Tu vas entrer là-dedans ?

Tu vas te mettre de la boue partout.
Chut.
Ne lui fais pas peur !
Viens là, petite grenouille.
Tu es sûre que ce n'est pas un...

... serpent ?
QUOi ?!
BOÏNG
OÙ ÇA ?!
HOP
Oh là !
Je l'ai !

Ahhh !
Je l'ai pas !
BOÏNG
FFFFT
SPLASH

Hourra !

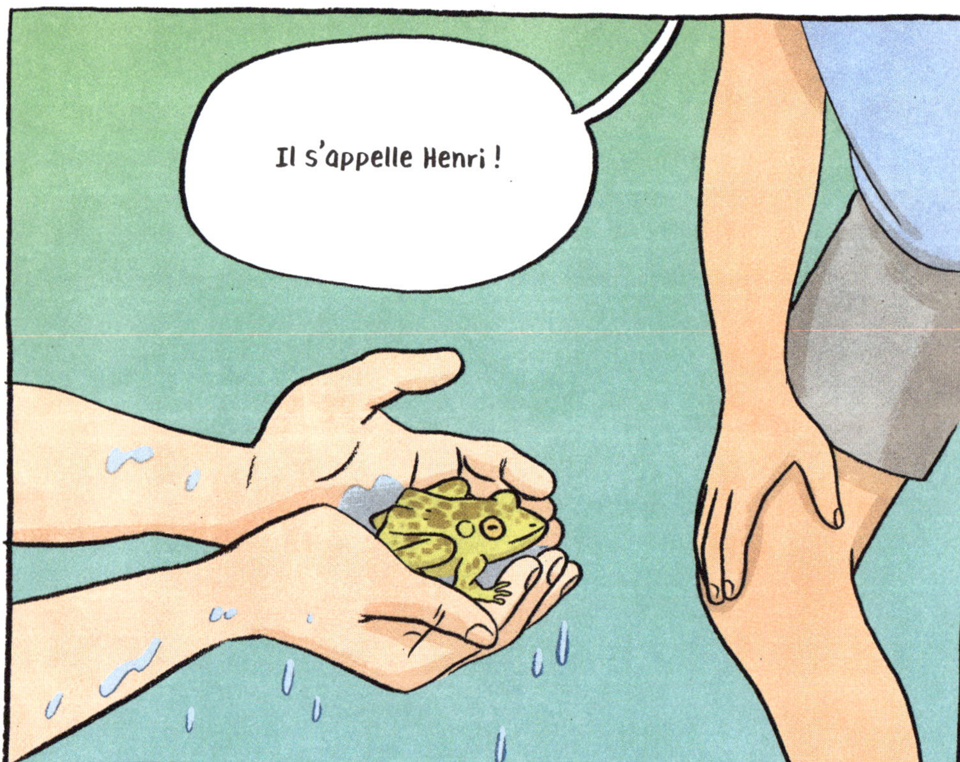
Il s'appelle Henri !

En fait, le disque de l'oreille est plus petit que son œil, et ça veut dire que c'est une fille.
C'est pas possible de savoir un truc pareil ! Moi, je crois que c'est un garçon.
Allons-y, Henri, nous allons te construire un petit château.
On pourrait utiliser un cageot de pommes !
Je crois qu'Henri préférerait habiter un arrosoir.
Hé, c'est moi qui l'ai attrapée.
FTTT
Hein, tu veux un bel arrosoir, Henri ?
Rends-la-moi.

Ne l'écoute pas, Henri.
Donne-moi. Ma. Grenouille.
C'est MOI qui le porte.
Tu ne l'aurais pas attrapé sans mon aide.
Il est à moi aussi.
Mais c'est moi qui l'ai attrapée !
Et c'est une fille ! Rrrrh !
Hé !
GNA
HOP
Liberté !
PLOP
SPLASH

Regarde ce que tu as fait ! C'est ta faute si je l'ai lâché !
Tu l'étouffais !

ouf !

MAMAN !
Elle prend sa douche.
Qu'est-ce qui se passe ?
Andy a laissé ma grenouille s'échapper !
Ce n'était pas TA grenouille.
SI, JE L'AI ATTRAPÉE !
Moi aussi !
Et je l'ai baptisé !
C'était une FILLE !
Oh là là, du calme.
Jenny, tu es fille unique, mais maintenant, tu dois apprendre à partager et à attendre ton tour.
Mais...
Mais...

Ce n'est pas toi qui fais la loi. Je sais que tu n'as pas de frères et sœurs, mais il faut t'y faire.
RAAH
Très bien, miss Drama Queen !
Coucou, ma chérie. Ça va ?
Très bien.

Je sais que ça fait beaucoup de nouveautés, entre le déménagement et les filles qui sont avec nous le week-end.
Ouais.
Il y aura des hauts et des bas, mais on va s'en sortir. Il faut juste que tu sois aimable avec nos invitées.
Quoi ?
Ces petites sont loin de leur maman. Cette ferme, c'est nouveau pour elles aussi. On doit être bienveillantes avec elles et partager nos affaires.
Mais Andy est une peste, une madame je-sais-tout et une dictatrice !

Ce n'est pas gentil, Jen.
Quand elle est là, je me sens stupide.
Et elle a pris ma grenouille.
Vous n'auriez pas pu vous partager cette grenouille ?
Alors, c'est elle qui décide tout ?
Comment l'appeler, où la mettre et comment vendre les produits au marché ?
Mais, ma puce, elle est loin de chez elle.
MOI AUSSI !

Ici, c'est chez nous maintenant.
Pas pour moi. Je n'ai pas choisi de venir.
Je veux retourner en ville.
Chez Papa.
Eh bien, ça, ce n'est plus possible. Maintenant, on habite ici et on doit s'en accommoder.
Je n'ai pas à m'accommoder de quoi que ce soit !
Et tu n'as pas à me dire ce que je dois ressentir.

Ce n'est pas juste. J'essaie de...
Eh ben, c'est RATÉ !
Tu as raté ton mariage et maintenant, tu te plantes avec cette stupide ferme !
FFF
Tu n'arrives même pas à empêcher les chevreuils de manger ton jardin.
SNIFF

Choix :
① m'enfuir et vendre mes dessins dans la rue
② tomber dans la mare, attraper une pneumonie et me retrouver à l'hôpital où tout le monde aura pitié de moi
③ ???

Tu ne viens pas?
Je ne peux pas ce week-end. Il y a un dîner de bienfaisance au boulot.
Encore?
On y est déjà allés la semaine dernière.
Tu peux te défiler, moi je n'irai pas encore une fois en expédition à la campagne.
J'ai des obligations ici.

Je veux que Jen grandisse dans la nature.
tu veux encore d'autres plantes? On n'a plus de place pour les caser toutes!
tu sais que ce n'est pas la même chose.
tu as ce fantasme de la campagne, alors vas-y.
Mais ne compte pas sur moi pour te suivre.

Chapitre
cinq

Le week-end suivant.
Coucou, les filles ! Comment s'est passé le marché, cette semaine ?
Super ! J'ai intégré de nouvelles stratégies commerciales pour nos ventes, et les clients ont l'air d'adorer !
Jen a fait tomber un sac de muesli et tout s'est répandu par terre.
Ce n'est pas ma faute ! Je devais servir genre, cinq clients !
Peut-être que si tu t'organisais un peu mieux tu y arriverais.
Déjà que tu n'arrives même pas à tenir la caisse.
Quoi ? C'est vrai ça, Jenny ?
Elle a du mal avec les calculs.
Tu sais, ma puce, tu devrais vraiment t'entraîner. Si tu travailles au marché, il faut que tu sois capable de rendre la monnaie.

Ta mère a raison, Jenny. Il faut que tu connaisses tes tables par cœur !
Andy est douée en maths, tu devrais lui demander de t'interroger.
Oui, je serais ravie de te faire réviser.
OUUUPS
PATATRAS
BAM
Jenny !
Je t'ai dit de faire attention !
Quoi?
Mais c'est pas moi !
C'est Andy qui l'a fait tomber !
Oh.
Mais tu as tout de suite pensé que c'était moi, hein? Parce que je suis maladroite, parce que je suis tellement bête que je ne sais pas rendre la monnaie ?
Tu réagis de manière exagérée, Jenny. Tu en fais tout un drame !

RRRR
Reviens ici, jeune fille.
Allez, Jen.
Je rentre à pied !
Ma chérie, sois raisonnable.
Comme tu voudras, ma grande.

On se retrouve à la maison quand tu te seras calmée.
Je préfère marcher sur un milliard de kilomètres plutôt que remonter en voiture avec vous !
AUJOURD'HUI! 9H-15H

VROUM

FRRRT
FRRRT
FRRRT
FRRRT

ZOO
Quels animaux allons-nous dessiner aujourd'hui ?
Des chouettes !
J'aime aller au zoo avec toi...
...mais parfois cela me rend un peu triste.
OURS
Pourquoi ?
Eh bien...
les animaux sont en ville, ce n'est pas leur place.
VOLIÈRE
Sans doute.

Voici une effraie des clochers.
Je me demande si elle rêve d'être dans un clocher.
Je parie qu'elle peut s'envoler jusqu'au sommet de l'Empire State Building !
Ha !

Salut.
Oh !
Génial.

PFFF
OUIIIN!!!
Qu'est-ce qui se passe ?
OUIIIN!!

Ma sœur pique sa crise. Comme tout le monde aujourd'hui, j'ai l'impression.
OUIIIN !
Bouhouh... Maman me maaanque !
SNIFF
C'est nul ici ! Je déteste !
J'ai peur ! On doit tout le temps être dehors, je veux rentrer à la maisoooooon !
Ça lui prend, des fois.
Bébé Cadum.

OUIN !
PLOF
Bon, mon poussin, va donc t'allonger un peu pour te calmer.
Je suis en bas si tu as besoin.
SNIFF

Hé, Reese, ça va?
Je comprends.
J'aime pas trop cet endroit non plus.
Ah bon?
Mais tu es… une fermière.

Haha !
Moi ? Non ! Je viens de la ville, comme toi.
C'est vrai ?
Ouais, et des fois, ça me manque trop. Et mon père, aussi.
Tu vois ce que je veux dire ?
Mmm.
Tu vas bientôt rentrer chez toi et retrouver ta mère.
Ouais.

Tu veux que je te raconte un truc drôle à propos de mon arrivée ici?
Mais oui.
Je suis allée à la mare pour voir s'il y avait des tortues.
Des oies avaient installé leur nid au bord de l'eau. Je ne savais pas que les oies sont aussi... méchantes.

Elles se sont mises à siffler de manière horrible pour me chasser loin de leur nid.
AAAH
SSSSH
SSSH
J'ai voulu leur échapper en grimpant dans un arbre…
… mais je ne savais pas qu'il abritait un nid de frelons !
SSSH
SSSH
J'ai été piquée à l'œil ! Et je suis tombée de l'arbre, direct dans une grosse flaque de boue !
AAAH

Et c'est à ce moment-là que les oies se sont vraiment déchaînées !
HA HA
SSSSH !
HA HA
C'est vraiment arrivé ?
Oh.
Euh, ouais.

C'est assez drôle.
J'imagine.
Mais sur le moment, j'étais pas vraiment de cet avis.
Tu racontes bien les histoires.
Merci.

Maman me manque.
Moi, j'aime bien être ici avec papa.
On ne le voit pas pendant la semaine quand on est en ville.
Il faut apprécier ces moments.
La ville me manque.
Ah bon?
Comment ça se fait?

Il y a tellement de trucs là-bas ! Les boutiques, l'art, la musique dans les rues.
Les stands de hot dogs. Les lumières la nuit…
Ça, ça va, mais il y a aussi les mauvaises odeurs et la foule. Et puis, on ne peut aller nulle part toute seule !
Et le bruit ! Maman dit que si New York est surnommée la ville qui ne dort jamais, c'est pour une bonne raison !
Ici aussi, c'est bruyant ! Les grenouilles coassent toute la nuit !
Coacoacoacoac, coacoacoacoac, debout, debout !
Haha !
C'est pas faux !

Comment ça va, ici ?
La journée a été rude.
Alors, je me suis dit que j'allais préparer...
... des brownies apéritifs !

Le lait vient de chez Mr Fisher, de la ferme d'à côté.
Et les œufs, du marché !
Quand les poussins auront grandi, on pourra faire des brownies avec leurs œufs !
Peut-être qu'on achètera une chèvre pour le lait !
Si c'est une chèvre marron, elle fera du lait chocolaté?
Reese !
Tu sais bien que ça ne marche pas comme ça !

Ou alors, ce sera peut-être une chèvre-vanille !
Ou alors une chèvre-fraise !
Pourquoi pas une chèvre-soda !
Miam !
Ha !
Tu l'as dessinée à main levée ?
Ouais.
Jen est très douée.
D'ailleurs...
je me disais que tu devrais dessiner des étiquettes pour mon muesli.
Je crois que ça ferait grimper les ventes d'avoir un joli dessin sur les sachets.
Vraiment ?

Carrément ! Tu pourrais même dessiner un logo pour la ferme !
Une chèvre, par exemple ! Ou une cosse de petits pois, plutôt.
Euh,
ouais ! Je peux faire ça.
Merci, ma grande.
Ce serait une grande contribution.
FRRRT
Je ne sers à rien sur le marché.
Ce n'est pas vrai.

Désolée pour le comportement de Walter aujourd'hui. Il est comme ça avec tout le monde.
Il me saoule.
Moi aussi, parfois, il me saoule.
Moi aussi !
Et moi aussi.
Tu vois, tu n'es pas la seule !

Plus que dix minutes.
Ensuite, ce sera l'heure de venir manger, d'accord ?

FERME
PETIT POIS
PETIT
POIS
PETIT POIS

FERME
Petit
Pois

Chapitre
Six

Le week-end suivant.
Faut pas juste tirer d'ssus.
Faut du doigté.
Tu refermes le pouce et l'index en haut de la mamelle.
Ensuite, tu replies les autres doigts du haut vers le bas, comme ça.
Bon, qui veut commencer ?

D'accord.
Allez, approche.
Génial !
Je veux essayer aussi !
Merci d'apprendre les rudiments aux filles, Steve.
Pas de souci, Walt, c'est normal entre voisins.
Tu veux essayer, Reese ?

Maintenant, on retire la crème du dessus, comme ça.
Et voilà le meilleur moment !
Il ne reste qu'à secouer.
C'est tout ?
HUM
Ouais ! C'est aussi simple que ça.
SHHH SHHH SHHH

Dix minutes de secousses plus tard...
Bon, goûtons voir ce que ça donne sur un muffin aux myrtilles de Tom.
Vous allez vous régaler, les filles !
TAP
Et voilà ! Du beurre frais tout droit sorti de la vache.

Steve, Tom, merci encore.
Avec plaisir, voisin. Notre neveu est de leur âge et il va venir chez nous dans quelques semaines. Tu devrais nous envoyer les filles pour qu'ils fassent connaissance.
Bon, les filles, on rentre. On doit s'attaquer à un grand chantier.
Vous croyez que cette vache pourrait manger son propre beurre ?
Beurk !

Les filles, j'espère que vous n'êtes pas trop...
... soupe au lait !
EUH.
Parce que, aujourd'hui, on fait les sentiers !
Mais il y a déjà des sentiers.
Oui, mais quand il pleut, ils sont tout boueux, grosse maligne. Pour les garder au sec, on va étaler des copeaux de bois.
GRANGE
POTAGER DE MAMAN
MARE
MAISON
SENTIER
TAS DE BOIS
POULAILLER
Comme ça, on pourra faire le tour de la ferme et du bois facilement avec la brouette.
PFFF

Allez, les enfants, vous remplissez la brouette et c'est parti, d'accord ?
OK, papa.
Je vais aider Jessica à réparer la clôture.
Les chevreuils sont entrés cette nuit et ont mangé la moitié de ses parterres de fleurs.

Ah, et une dernière chose.
Attention aux serpents à sonnette.
Mr Fisher m'a dit qu'il y en avait quelques-uns là-bas, dans les bois, alors soyez prudentes.
Bon, amusez-vous bien !

Ne le prends pas au sérieux. Je suis certaine qu'il se moque de nous.
D'accord.
Oui, bien sûr.
Bon, les copeaux doivent être étalés uniformément sur le sentier, commençons par une bonne brouette bien pleine.
Reese ! Reste avec nous ! On a du travail !
Je suis la fée Clochette !

À ton avis, pourquoi ton père a dit ça?
À propos des serpents?
Ouais.
Va savoir. C'est son genre d'humour.
Je trouve pas ça drôle.
Tu ne comprends pas son humour.
On dirait que non.
Avant, il était avocat. Il est très intelligent.
Sûrement.
Mais... il ne devrait pas plaisanter au sujet des serpents. Il ne sait peut-être pas combien ils te font peur.

Tu crois que ton père et ma mère vont se marier ?
Je ne sais pas.
Ce serait bizarre, je crois.
Ouais, assez bizarre.
Mais ce serait cool d'avoir des sœurs.
C'est plutôt... sympa d'être avec d'autres enfants quand Reese et toi, vous venez pour le week-end.

Les sœurs, c'est très surfait.
T'es obligée de tout partager et tu te disputes beaucoup.
Mais j'aime bien venir ici aussi.
Du coup, on serait des demi-sœurs, je crois, mais les seules que je connais sont celles de Cendrillon.
Haha ! Ouais, les méchantes sœurs !
Étale-moi ces copeaux, Cendri-Andy ! Nettoie le poulailler, Cendri-Jen !
Ha !
Oh !
Attention !
Hein ?

C'est un serpent à sonnette ?
J'en sais rien ! J'en sais rien !
On fait quoi ?
J'en sais rien !
J'en sais rien !
J'en sais rien !
Jen, tu as des connaissances sur les serpents.
Respire un grand coup. Qu'est-ce qu'on fait ?
Euh...
Houuu
Fouuuuu

Alors, les serpents à sonnette sont très rapides, mais ils ne peuvent attaquer qu'à une distance égale à la moitié de leur taille.
Je ne peux pas dire quelle taille il fait !
Moi non plus.
Ils sentent les vibrations dans le sol, donc il ne faut faire aucun mouvement brusque.
Ils n'attaquent que s'ils se sentent menacés.
Alors on reste juste immobiles ?
Ouais.
On le laisse s'éloigner tout seul.
SRRRRT

SRRRRRRRRT
ZOUU
Oh, non.
Reese !

Oh !
Coucou, petit serpent.
Tu ressembles au serpent de ma classe !
Tu es une couleuvre rayée, hein ?
Au revoir, petit serpent !
REESE!
REESE!
HOP
HOP

Tu vas bien !
Tu l'as vu ?
Vu quoi ?
Il y avait un énorme serpent à sonnette !
Il était gigantesque !
Plus long que moi, sûrement !
Et il s'apprêtait à attaquer !
Désolées de t'avoir laissée…
Il aurait pu te mordre !
On a beaucoup de chance d'être encore en vie !

Moi, je ne veux plus faire ça !
Je préfère encore ramasser les crottes de poulet tous les jours pendant un mois !

Pendant une année entière !
Pour le restant de mes jours !

Chapitre
Sept

Le week-end suivant.
CLAC
C'est normal que les poules soient ici?
Oui !
Elles nous aident en mangeant les insectes qui abîment les fleurs et les légumes.

Ah bon, je croyais que la clôture servait à les empêcher d'entrer.
La clôture, c'est contre les chevreuils, mais chaque fois que je pense l'avoir bien réparée, ils trouvent un moyen de revenir.
Au moins, il nous reste assez de fleurs pour le marché !
Ils n'ont pas tout mangé !
Et où en est le projet d'étiquette pour le muesli ?
Ça avance bien !
J'ai presque fini.

MUESLI DE LA FERME PETIT POIS
Cette semaine, moi aussi, je viens au marché !
Ouais, ouais.
Je serai la demoiselle aux fleurs !
Ça, c'est pour les mariages, pas pour le marché, bécasse.

Je vais aider à vendre les fleurs, et je suis une demoiselle, donc je suis une demoiselle aux fleurs.
PFF
Tout le monde est prêt pour le marché?
Allez, on ne traînasse pas, Jenny.
GRRR
Arrête de m'appeler comme ça !

Oh, je crois que miss Grognon est encore parmi nous aujourd'hui !
Allez, Walter.
MAIS POURQUOI TU NE M'ÉCOUTES JAMAIS ?
Oh là là, mille excuuuuuuses tout le monde !
Bon, allez, on monte en voiture. On va être en retard.

On obéit à la dame.
Le dernier à monter est un œuf pourri !
J'espère que vous allez faire du chiffre aujourd'hui, les filles ! Beaucoup de citadins viennent à la campagne pour le week-end prolongé.
C'est à mon tour de tenir la permanence, donc vous aurez la responsabilité du stand, les filles.

Il vaut mieux laisser Andy prendre les choses en main cette semaine, hein, Jenny, tant que tu ne maîtrises pas ces fichus chiffres.
Jen est responsable des pancartes et de l'affichage.
Reese, tu es sur la vente des fleurs.
Ouais !
MARCHÉ DES PRODUCTEURS AUJOURD'HUI
Andy, c'est toi la chef !
Nous y voilà, mes petites femmes d'affaires !
FERME

BIIIP BIIIP !
Je suis juste là si vous avez besoin de moi !
erme Petit Pois
Fleurs - 6$
Petits Fruits - 7$
Muesli - 8$

C'est toi qui as fait ça ?
Ouaip.
Ferme Petit Pois
Fleurs - 6$
Petits Fruits - 7$
Muesli - 8$
Ça rend super bien !
Merci !
Si seulement j'avais une belle écriture ! Mes profs disent que j'écris comme un cochon.
Haha.
Ach'tez des fleurs !
Directement à moi, la demoiselle aux fleurs !

OUAH
Bravo, Reese !
Excusez-moi.
Ferme Petit Pois

Je voulais juste vous dire combien ça me fait plaisir de voir trois sœurs travailler comme ça ensemble, au marché.

Mes sœurs et moi, on travaillait dans la boutique de notre père quand on était enfants.

Prenez bien soin les unes des autres, hein ?

Promis !
Merci.

AMAP
VIN
LOCAL

DING
DONG
DONG
MARCHÉ DES PRODUCTEURS
PAIN FRAIS

Salut, les filles !
Vous avez fait des affaires aujourd'hui ?
Oui ! On a presque tout vendu !
Papa, j'ai vendu les fleurs !
Ferme Petit Pois
Fleurs
Presque tout ! Bravo !
On dirait qu'il est temps de faire une promo pour liquider ce qui reste ! On peut encore tout vendre avant la fin du marché !
Super idée ! Deux pour le prix d'un, peut-être ?
très
et puis après ils ont
acheté

On l'annonce sur le panneau.
Hé !
FRRT
Muesli - 8$
PROMO :
POUR DEUX BARQUETTES DE FRUITS ACHETÉES, MOITIÉ PRIX SUR LES FLEURS

Attends !
Arrête !
Qu'est-ce qu'il y a encore, Jenny ?

Je...
L'écriteau, c'est mon boulot.
Allons.
Tu n'es pas la seule à savoir écrire à la craie.
PROMO FLEURS: 2 POUR 1
Honnêtement, Jenny, si tu travaillais un peu plus tes maths, tu pourrais tenir la caisse avec Andy.
PROMO FLEURS: 2 POUR 1
Et tu pourrais vraiment aider ta maman au marché.

Ce n'est pas juste, Papa.
L'écriteau est important. Il faut que les gens puissent le lire. Et Jen avait fait du bon boulot.
PROMO FLEURS : 2 POUR 1

Et si c'est Andy la seule à faire un travail important, ça veut dire que le mien ne l'est pas ?
Bien sûr que non, Reese, tu es la mascotte de l'entreprise !
Je dis simplement qu'Andy est le cerveau de l'opération et que Jenny est plutôt...
L'écervelée ?
PROMO FLEURS : 2 POUR 1

Oh, ça suffit, Jenny.
Ce n'est PAS mon NOM.
Cesse de tout prendre au tragique, ma grande.
Je ne suis pas ta grande.
Et je ne suis pas ton employée non plus.

Ouh, la prétentieuse !
PROMO FLEURS : 2 POUR 1

Quelle diva.
PROMO FLEURS : 2 POUR 1

Hé, vous allez où, les filles ?
Hé ! Faut encore qu'on remballe !

Jen !
Attends.
Désolée. Mon père s'est comporté comme un gros nul.
Je ne sais pas pourquoi il a une dent contre moi.
Ce n'est pas contre toi. Il est comme ça avec tout le monde. Il faut laisser couler, sinon il argumente sans fin pour avoir raison, même s'il a tort.
MARCHÉ DES PRODUCTEURS

Ma mère dit que des fois je suis comme lui.
Une miss je-sais-tout.
Tu es intelligente et tu le sais.
J'aimerais bien être plus intelligente.

CROQUETTES

Chapitre
huit

Le week-end suivant.
CRAC
SHHHH

C'est bien un œuf !
Notre premier œuf !
Pondu par nos poules ! C'est notre œuf à nous !
Enfin, on ne l'a pas pondu, mais...
Le petit déjeuner est prêt?
J'ai entendu dire qu'il y avait une surprise !
Notre œuf !
Voyons voir cette merveille !
En voilà un sacré bel œuf !

J'en ai trouvé cinq, ce matin ! Un pour chacun.
Un pour Reese, qui est toujours là pour encourager les poules...
Un pour Walter, qui a construit le poulailler.
Il était grand temps qu'elles se montrent un peu reconnaissantes !
Un pour Andy, qui a réparé leur abreuvoir pour qu'elles arrêtent de le renverser.
J'ai revu la conception du système d'alimentation en eau !
Un pour Jen, qui nettoie leurs saletés tous les jours.
Il a intérêt à être bon, cet œuf !
Et un pour moi, qui ai cuisiné !

Miam, pas mal du tout, cet œuf !
Le meilleur du monde !
Bon, allons au marché ! Les assiettes dans l'évier !

Du fil à pêche? Qu'est-ce qu'il fait là? Tu es allé à la pêche ce matin, Papa?
Non, c'est pour un projet particulier.
Un projet de pêche?
Non, c'était censé être une surprise...
J'ai lu que si on dispose du fil à pêche dans les bois autour de la ferme, ça tient les chevreuils à distance.
Mince !
Raté !
Ils n'aiment pas la sensation quand ils essaient de passer, du coup ils éviteront la ferme et laisseront le jardin de Jessica tranquille.
Oh !

J'ai passé la matinée à installer du fil pour que ton jardin ne se fasse plus boulotter.
Merci !
Ça me brisait le cœur de te voir livrer un combat perdu d'avance contre la faune locale.
Peut-être que je vais pouvoir essayer de nouveau les laitues !
Mmm, des laitues ! Et les plantes à pizza, ça existe ?
Papa ! T'es bête !

J'ai une nouvelle idée pour un lot fleurs/muesli/petits fruits. On pourrait l'appeler l'offre "petit déj au lit" !
Et je pourrais dessiner un plateau avec tout ça dessus !
Et bientôt, nous pourrons aussi vendre nos œufs ! Parfait pour compléter l'offre petit déj !
Je pense que si on demande un petit prix pour chaque produit, on en vendra plus !
du jour.
Si on

Bonjour, bonjour !
Bonjour, Mr Fisher. Est-ce que vous seriez intéressé par notre offre du jour ?
FERME PETIT POIS
PETITS FRUITS 7$
MUESLI 8$
FLEURS 6$
Haha, merci, mais vos parents m'en ont déjà donné plein !
Vous êtes de bons voisins, ça fait plaisir !
Je voulais juste vous présenter notre neveu, Eddie.
Il vient nous aider pour les récoltes.
HOP

Je me suis dit que ça vous plairait de rencontrer un autre enfant qui travaille à la ferme dans notre coin perdu.
Salut.
FERME FISHER
Bonjour !
Salut.
Coucou !
Est-ce que tu voudrais goûter notre délicieux muesli ?
Euh.
D'accord.
Alors, euh, vous êtes... sœurs ?
Euh
Ben
Alors...
Demi-sœurs en fait.
Mais on n'est pas méchantes !

Genre, sœurs à mi-temps.
OK.
FERME FISHER
Walt m'a dit que vous aviez repéré un serpent à sonnette dans les bois, il y a quelques semaines !
Il faisait ma taille ! Et il avait des crocs énormes !
On a eu de la chance de s'en tirer !
On n'y retournera pas de sitôt, c'est certain !
Pas question !
Heureusement que vous êtes saines et sauves ! Ça fait plaisir de vous voir, les filles !
Ravi de vous avoir rencontrées ! À plus.

Oui !
Et toi aussi ! Enfin, je veux dire, ravie de…
Du calme.
Oh là là, faisons comme si ça n'était jamais arrivé.

Il fait une de ces chaleurs, aujourd'hui ! La clim me manque !
Oui, mais il reste peu de temps avant la fin du marché.
Pourquoiiii on doit vendre des fleurs et des fruits ?
Pourquoi on vend pas des GLACES ?

Ou des piscines !
Ou des igloos !
Ou des pingouins !

Fait chaud, hein, les filles ?
Ça, c'est bien vrai, Mr Archer !
J'ai bien cru que notre cire allait se liquéfier sur place ! Mais au moins on a bien vendu.
Vous ressemblez à des bougies fondues !
Tenez, quelques bâtonnets de miel pour vous requinquer !
Vous formez une bonne équipe, toutes les trois.
Si vous voulez faire des heures sup, venez donc m'aider avec les ruches.
Merci !
Merci !
Du miel !
DING DONG
Voilà les cloches ! On peut tous rentrer se rafraîchir !
Ouais !

Il fait trop chaud pour se serrer tous à l'avant.
Montez derrière, les filles. Ne t'en fais pas, c'est un petit trajet, Andy.
On se croirait dans une décapotable !
Viens, Andy. Tu pourras t'asseoir au milieu, d'accord ?
61316
61316

61316

Difficile de croire que l'automne sera bientôt là.
Il fait trop chaud pour que septembre arrive !

Il y a encore tellement de trucs à faire.
L'automne, c'est la saison la plus intense dans une ferme.
Vous n'aurez pas le temps de vous ennuyer, les filles !
Accumuler plus de foin pour préparer le jardin pour l'hiver
Récolter la sève des érables
Faire les récoltes et planter de nouveaux légumes
Faire des conserves de légumes et de la confiture
Finir de couvrir les chemins
Préparer le poulailler pour l'hiver
Couper et entreposer le bois de chauffage

Nous devons protéger le poulailler pour l'hiver, bêcher l'emplacement des cultures d'été pour mettre en place celles d'hiver, et puis, on a promis aux voisins de les aider à récolter les citrouilles.
PFFF
Mais on ne doit pas faire tout ça aujourd'hui, si ?

BOM
BOM

Mon père dit que quand un canoë se retourne, y a une poche d'air qui se crée en dessous, ce qui permet de respirer !
Cool !

C'est vrai, mais si vous le retournez, vous devrez le tirer pour le sortir de l'eau.

Je me charge de faire goûter l'eau à celle qui n'est pas dedans d'ici trente secondes !

un
quinze...
vingt...
trente !
Brrr !

À présent, les juges attendent en retenant leur souffle la prestation du candidat pressenti pour la médaille d'or !
SPLASH
Ah ça, c'est la vraie vie, hein, les filles ! Loin de la puanteur de la ville, en harmonie avec toutes les créatures de la Terre.

C'EST QUOI, ÇA ?!
FRRR

HA HA HAHA HA

Bon, tu es prête?
Ouais...
J'espère que ça marche vraiment.
Attends, on commence par la gauche? ou par la droite?
Par ta droite.
FLOUTCH
FLOUTCH
SPLASH

Waouh, ça a marché !
Il y a de l'écho !
Est-ce qu'on peut nous entendre, de là-dessous ?
Je sais pas !
Maman !
Reese !
Walter !

C'est une sorte
de grotte secrète.
On pourrait se raconter
des secrets et personne
nous entendrait !

Demoiselle aux Fleurs

Ce qui est pas mal
à la campagne :
1. Nager !
2. La nourriture
3. Circuler en pick-up
4. Maman est heureuse
5. Mes sœurs à mi-temps

Fin

Un mot de l'auteur

Quand j'étais petite, mes parents se sont séparés et nous avons quitté New York avec ma mère pour nous installer dans une petite ferme à la campagne.
Elle voulait faire pousser des fleurs et des fruits, mettre les mains dans la terre. Moi, je voulais lire des BD dans la maison, dans un lieu PROPRE, mais des fois, quand on est enfant, on doit juste suivre le mouvement.

Je n'étais pas emballée à 100 % par la décision de ma maman de devenir une super fermière, mais je n'avais pas vraiment le choix, j'ai dû devenir une fille de ferme pas vraiment au top.

Ensuite, ma mère s'est trouvé un petit copain. Il était bruyant, autoritaire et énervant. Jamais je n'avais rencontré une grande personne si agaçante ! Quant à ses filles... L'aînée, grande gueule et dictatrice, la petite, une vraie chouineuse ! Soudain, je devais partager ma chambre tous les week-ends avec des inconnues.

Le pire qui puisse arriver à un enfant, c'est de se retrouver dans ce genre de situation où l'on n'a aucune prise sur les décisions que prennent les adultes – des décisions qui ont un impact sur votre vie. Mais parfois, il s'avère que c'est la meilleure chose qui puisse t'arriver : te retrouver dans une situation que tu n'aurais jamais choisie, complètement paumée. Tu peux découvrir de belles choses auxquelles tu ne t'attendais pas et rencontrer des inconnus qui finissent par faire partie de ta famille.

Mon "Andy" à moi est toujours grande gueule et dictatrice, mais elle est aussi brillante et drôle. Ma "Reese" chouine beaucoup moins maintenant, et s'est révélée bien plus cool que nous, ce qui était déjà vrai à l'époque.

Mon "Walter" a été agaçant et chéri jusqu'à son dernier jour.

Ma mère continue à mettre les mains dans la terre et adore sa vie à la campagne, et je la remercie de m'avoir forcée à subir une si belle enfance, emplie de serpents à sonnette, de mares à grenouilles et de nombreuses histoires à raconter.

(Encore un mot)

Révélation honteuse : je suis nulle en maths.

$$\begin{array}{r} 4 \\ \times 7 \\ \hline 28 \end{array}$$

Je ne suis pas juste mauvaise en maths, je souffre de dyscalculie ! Ça ressemble un peu à la dyslexie, mais au lieu d'entraver la lecture, ce trouble affecte la capacité à traiter les nombres et les ordres de grandeur.

Quand j'ai fini le lycée, j'ai poussé un gros soupir, soulagée de ne plus jamais avoir à faire de maths. Mais en devenant dessinatrice de BD, j'ai dû apprendre à mesurer et diviser la page en cases ! On aurait dit que *l'algèbre était ressortie de sa tombe pour me hanter* !

Au final, ce qui compte ce n'est pas d'être douée, c'est d'essayer et de s'entraîner. Après tout, je suis devenue artiste de BD suite à des années de crayonnages et d'écriture. Et maintenant, je suis bien meilleure en maths que par le passé ! Évidemment mon "Andy" est devenue ingénieur, et parfois, elle doit dessiner des schémas et elle est nulle pour ça, mais elle s'améliore, elle aussi. Qui l'eût cru ?

Remerciements :

Merci Taylor, Chelsea, Georgia.
Merci au marché des producteurs de Rhinebeck.
Merci aux enfants de divorcés comme moi.

Merci à mon équipe éditoriale chez Random House Graphic ! Gina Gagliano, Whitney Leopard et Patrick Crotty ! Merci à Whitney Cogar pour ces belles couleurs. Merci à Holly Bemiss, ma championne !

Merci aux abeilles pour leur miel, aux jardins pour leurs fleurs, aux arbustes pour leurs petits fruits, aux vaches pour leur lait et aux granges pour leurs chatons.

Merci à Warren qui me manque, et qui se serait montré très gentil et très agaçant à propos de ce livre.

Merci à John et Pal, mes préférés.